Bibliografische Information der Deutschen Nationalbibliothek:

Die Deutsche Bibliothek verzeichnet diese Publikation in der Deutschen National-
bibliografie; detaillierte bibliografische Daten sind im Internet über http://dnb.d-
nb.de/ abrufbar.

Impressum:

Copyright © 2008 GRIN Verlag, Open Publishing GmbH
Druck und Bindung: Books on Demand GmbH, Norderstedt Germany
ISBN: 9783668244009

Dieses Buch bei GRIN:

http://www.grin.com/de/e-book/335061/was-bedeutet-trauer-trauerphasen-
modelle-und-trauerreaktionen-im-vergleich

Gabriele Kuschke

Was bedeutet „Trauer"? Trauerphasen-Modelle und Trauerreaktionen im Vergleich

GRIN Verlag

Was bedeutet „Trauer"? Trauerphasen-Modelle und Trauerreaktionen im Vergleich

Gabriele Kuschke

Inhaltsverzeichnis:

Trauer ist ein Gefühl, mit dem alle Menschen im Laufe ihres Lebens mehrfach konfrontiert werden. Dem kann sich keiner entziehen. Trauer – um den Verlust von Bindung, um einen Gegenstand, einen geliebten Menschen, der gestorben ist, um ein abgeschlossenes Kapitel im Lebenslauf, auch um verlorene Liebe. Doch wie kann „Trauer" theoretisch beschrieben werden? Wann trauern wir? In welche Phasen kann Trauer unterteilt werden? Und welche Trauerreaktionen lassen sich unterscheiden?

1. Trauer ist Verlust

Das Wort „trauern" stammt von dem altenglischen Begriff: „drusian" = sinken, matt, kraftlos werden. Es beschreibt die Situation eines Menschen, der trauert, es bedeutet niedergedrückt sein, eine schwere Last tragen. Wenn ein Mensch diese Last nach und nach abgelegt hat, ist ein gesundes und natürliches Trauern erfolgt.[1] In einer anderen Übersetzung meint „Trauer" ein altes, aus dem Englischen stammendes, schon vor dem 9. Jahrhundert gebräuchliches Wort, das von „truren" - „die Augen niederschlagen" – abgeleitet ist. Beide Begriffserklärungen beschreiben einen Gemütszustand, den jeder Mensch im Laufe seines Lebens häufiger durchleben muss, als es ihm bewusst wird.

Trauer involviert Hoffnungslosigkeit: Das, was man sich wünschte, wird (für immer oder auf unabsehbare Zeit) verloren bzw. unerreichbar bleiben.

Trauer schließt auch Passivität ein, die die Überzeugung widerspiegelt, dass man nichts tun kann.

Trauer tritt auf nach dem schmerzhaften Verlust einer Bindung, der eine deutliche, wenn auch meistens vorübergehende Störung des biologischen, psychischen und sozialen Gleichgewichts darstellt.

Traueranlässe:

- Verlust von Gesundheit z.B. chronischer Krankheit,

- Verlust von Lebenszielen, Werten, sozialen Rollen,

- Trennung z.B. Scheidung

---

[1] Vgl. Enders, Gabriele „Psychosomatische Reaktionen in der Kindertrauer", 4. Kaarster Trauertagung, 2002 auf: www. kikt.de/pdf/vortrag_kindertrauer.pdf

- Tod[2]

Es gibt zwei Ansätze zur Überwindung der Trauer:

Die Verdrängung und die Verarbeitung:
Durch körperliche Aktivität oder Ablenkung kann der Mensch versuchen, Trauer zu verdrängen oder kurzfristig zu erleichtern. Er kann auch versuchen, den Verlust zu ersetzen. Überwunden im Sinne einer intensiven Bewältigung wird Trauer aber erst, indem sie in Form sogenannter Trauerarbeit bewusst gemacht wird. Jahrhundertealte Trauergebräuche und Rituale haben durch die Kulturgeschichte hindurch hierfür eine stabilisierende und Sinn stiftende Rolle gespielt. Indem der Mensch sich erinnert, durch symbolisches wiederholtes Zurückholen und erneutes Weggeben des Betrauer-ten, wird ein Sich- Einlassen auf die Extremsituation des Verlustes sowie ein allmähli-ches Akzeptieren und Loslösen möglich.

Die Trauer des Menschen verläuft in mehreren Phasen:

1. Der Mensch befindet sich meist in einer Art Schockzustand, er will nicht wahr-haben, dass er etwas verloren hat, dass ein Mensch oder auch ein Tier verstor-ben ist

2. Er lebt eine depressive Phase; Sinnleere oder Zukunftsangst sowie Hadern mit dem Schicksal dominieren die Gedanken. Häufig treten Desorientierung und Vergesslichkeit auf, die Aufmerksamkeit im Kontakt mit anderen und in Bezug auf die notwendigen alltäglichen Aufgaben fällt schwer. Es treten Verlassen-heits- und Schuldgefühle, auch körperliche Reaktionen, wie z. B. Konzentrati-onsverlust, Schlafstörungen oder Appetitlosigkeit und Gewichtsverlust auf. Wei-tere Krankheitssymptome sind möglich.

3. Es kommt die Zeit der „Wundheilung". Die Gedanken an die verstorbene/verlo-rene Person verursachen nicht mehr so große Verzweiflung. Es gelingt dem Trauernden, den Blick auf die Zukunft zu richten. Schließlich kommt es bei er-folgreicher Trauerbewältigung zu einem neuen seelischen Gleichgewicht.[3]

---

[2] Vgl. Goldbrunner, Johann (Hrsg.), Gabriele Koch „Trauer und Beziehung", 1996, Verlag Grünewald, S. 134

[3] Vgl. www.wikipedia.org /wiki/ Trauer

„Verlust" bedeutet in diesem Sinne die Trennung von etwas, das in gewisser Weise Teil der Existenz des Individuums ist, oder ihm gehört. Dieses „Etwas" kann eine Person sein, jemand, der ihm sehr nahe stand und durch den Tod oder das Auseinanderbrechen einer Beziehung von ihm getrennt oder für immer aus seiner Umgebung entfernt wird. Es könnte sich aber auch um den Verlust einer Fähigkeit, etwa des Hörens, des Sehens oder der Beweglichkeit infolge einer Krankheit oder eines Unfalls handeln. Der Verlust von Unabhängigkeit oder Status, von Geld oder materiellem Besitz kann für den Einzelnen bedeutende Einbußen darstellen. Ein schwerer Verlust beinhaltet die nicht wieder rückgängig zu machende Trennung von einem physischen oder emotionalen Teil der Person. Die Auswirkungen eines Verlustes sind bei den einzelnen Individuen sehr unterschiedlich und hängen von verschiedenen Variablen ab:

- Persönlichkeit

- Art des Verlustes

- Zeitpunkt des Verlustes im Verhältnis zu anderen Ereignissen im Leben der Person

- Andere bedeutende Ereignisse im Leben der Person

- Die Einbeziehung naher Freunde oder Verwandter

- Die praktischen Auswirkungen des Verlustes für das zukünftige Leben des Individuums

Der Prozess des Verlustes und der Trauerarbeit umfasst die Wiederanpassung des Individuums an die neue Situation, in welcher es sich befindet. Es muss feststellen, dass frühere Ansichten über die Welt ihre Gültigkeit verlieren können, und dass es eventuell neue Wege des Denkens und Handelns einschlagen muss.[4] Der Verlust eines Elternteils oder Geschwisters wird bei Kindern nach dem bevorstehenden eigenen Tod als der schmerzlichste Verlust angesehen. Trauerphasen-Modelle haben Vor- und Nachteile. Sie sind generell nur ein Versuch, komplexe Phänomene auf eine mehr oder weniger einfache Art zu beschreiben. Bei näherer Betrachtung stellt man leicht fest,

---

[4] Cook, Bridget/ Phillips, Shelagh G. „Verlust und Trauer" , Ullstein Mosby GmbH & Co KG Berlin/ Wiesbaden, 1995, Seiten 1-3

dass die verschiedenen Modelle Ähnlichkeiten aufweisen und sich einander beeinflussen. Sie sprechen dem Trauerleben eine Bedeutung zu, die zugleich Lösungsmöglichkeiten zur Überwindung der Krise in sich birgt.[5]

1.1 Trauerphasen nach Verena Kast

Die Schweizer Psychologin Verena Kast[6] entwickelte durch die Beobachtung an Trauernden, vorrangig durch die Auswertung der Träume, die nach ihrer Ansicht den Trauerprozess einleiten und an denen sie die Entwicklung des Trauerprozesses abliest, ein Modell von Trauerphasen.

1. Die Phase des Nicht–wahrhaben–Wollens

Der Verlust wird geleugnet, kann nicht realisiert werden und die eigenen Emotionen können nicht wahrgenommen werden. Die trauernde Person scheint empfindungslos und fühlt sich oft selbst „wie tot". Die körperlichen Reaktionen können alle Symptome eines Schocks (schneller Pulsschlag, Schwitzen, Übelkeit, motorische Unruhe) sein.[7] Diese Phase kann von einigen Stunden bis zu etwa einer Woche andauern, im Falle eines plötzlichen Todes kann sie noch länger anhalten. Dieses Nicht–wahrhaben–Wollen ist sowohl als Verdrängung, als auch als Schutz vor überwältigenden Gefühlen, mit denen nicht umgegangen werden kann, zu verstehen.

2. Die Phase der aufbrechenden Emotionen

In dieser Phase taucht der Trauernde in ein regelrechtes Gefühlschaos ein: Wut, Trauer, Angst, Zorn, Schmerz, Niedergeschlagenheit, Schuldgefühle, u. v. a. m. stellen sich ein. Die Ohnmacht des Menschen angesichts des Todes kann nur schwer eingesehen werden. Es treten Schuldgefühle auf, weil man befürchtet, nicht alles getan, etwas versäumt oder unterlassen zu haben, das den Tod hätte verhindern können oder es werden andere Menschen dessen beschuldigt. Dabei ist es sehr wichtig, Gefühle zuzulassen, dies ist Bedingung für ein Fortschreiten des Trauerprozesses, was durch gesellschaftliche Zwänge erschwert werden kann.

---

[5] Vgl. Frank Natho „Bindung und Trennung", Edition Gamus,2007, S. 133

[6] geboren 1943, studierte Psychologie, Philosophie und Literatur und promovierte Sie ist Professorin für Psychologie an der Universität Zürich, Dozentin, Lehranalytikerin und Psychotherapeutin in eigener Praxis

[7] Vgl. Specht–Tomann / Tropper, 1998

3. Die Phase des Suchens und Sich-Trennens

Beim Verlust eines geliebten Menschen sucht der Trauernde zum einen den realen Menschen durch das Aufsuchen von Orten wieder zu finden, die der Verstorbene mochte. Er sucht in den Gesichtern anderer Menschen nach Zügen des Verstorbenen; er übernimmt Gewohnheiten des Verstorbenen. Zum anderen sucht er Möglichkeiten, Teile der Beziehung durch Erzählungen und Geschichten über den Verstorbenen oder durch innere Zwiegespräche mit ihm zu erhalten. Eine innere Auseinandersetzung mit dem Verstorbenen findet statt. Dieses Suchen bereitet den Trauernden darauf vor, ein Weiterleben ohne den Verstorbenen zu akzeptieren, keineswegs aber ihn zu vergessen. Je mehr der Trauernde findet, das weiterleben, weitergegeben und erinnert werden kann, um so eher kann schrittweise ein Abschiednehmen und letztlich die Trennung vom Verstorbenen erfolgen.

4. Die Phase des neuen Selbst- und Weltbezugs

Der Verstorbene wird zu einer Art „inneren Figur". Dies kann sich darin ausdrücken, dass der Verstorbene als innerer Begleiter erlebt wird oder dass der Trauernde Lebensmöglichkeiten, die zuvor an die gemeinsame Beziehung gebunden waren, in sein eigenes Leben integriert hat. Die Gedanken und Handlungen des Trauernden kreisen nicht mehr ausschließlich um den Verstorbenen, es wird wieder möglich das eigene Leben zu gestalten. Selbstvertrauen und Bezugsfähigkeit wachsen, so dass neue Beziehungen eingegangen werden können. [8]

1.2 Trauerphasen- Modell nach John Bowlby

Nach Bowlby[9] ist das Trauerverhalten des Menschen allein ein Ausdruck seines starken Bindungsbedürfnisses. Demnach stellt Trauer den Versuch dar, die Bindung aufrecht zu erhalten bzw. wiederherzustellen. Dieses Ziel versucht der Mensch mit unterschiedlichen Verhaltensmustern, die sich in den Trauerphasen widerspiegeln, zu erreichen. Trauer ist seiner Meinung nach nicht nur eine psychische Reaktion, sondern Teil eines Überlebensinstinkts und erfüllt eine vitale und biologische Funktion.[10] Dieses Phasenmodell gilt für Kinder und auch für Erwachsene.

---

[8] Vgl. „Zeit der Trauer", Verena Kast

[9] John Bowlby (1907-1990), britischer Psychiater und Psychoanalytiker, arbeitete und forschte an der Tavistock Klinik in London. Für seine Arbeiten erhielt er weltweit zahlreiche Auszeichnungen bedeutender Fachgesellschaften, u. a. der American Psychological Association und der British Pediatric Association.

[10]Vgl. Frank Natho „Bindung und Trennung", Edition Gamus,2007, S. 133-134

1. Phase - Betäubung

Es ist die Phase der Sprach-, Gefühl- und völligen Orientierungslosigkeit, sie tritt unmittelbar nach einem Bindungsverlust ein. Sie kann mehrere Wochen oder gar Monate andauern, trifft Erwachsene und Kinder gleichermaßen. Beispielsweise der plötzliche Tod eines Ehegatten ist solch ein dramatischer Verlust. Dabei fühlen sich die Betroffenen wie betäubt und gelähmt, sie reduzieren alle Handlungen auf das Notwendigste, führen diese wie mechanisch aus. Man spricht dabei von einem vorübergehenden dissozialen Zustand, bei dem verschiedene Bereiche des Selbsterlebens und des Bewusstseins abgespalten sind. Dies äußert sich im Vermeiden jeglicher Kommunikation mit anderen. Dieser Zustand wird hin und wieder durch extrem starke seelische Schmerzen und aggressiv- ärgerliche Gefühle unterbrochen. Eine verwitwete Frau berichtete aus dieser Trauerzeit, sie sei drei Wochen lang relativ gefasst und beherrscht gewesen, bis sie schließlich auf der Straße zusammenbrach und weinte. Über diese drei Wochen sagte sie später im Gespräch, es sei wie eine „Wanderung am Rande eines schwarzen Abgrundes" gewesen.[11] Die Betäubung ist meist die kürzeste der vier Phasen.

2. Phase - Sehnsucht und Suche nach der verlorenen Bindungsfigur: Zorn

Nach einigen Tagen oder Wochen tritt eine Veränderung im Trauerverhalten ein. Der Trauernde wird überschwemmt von sehr starken, anfallartigen Gefühlen, die sein emotionales Erleben stark verändern können. Er beschäftigt sich in Gedanken ständig mit dem Verlust oder der Gefahr des Verlustes. Der trauernde Mensch ist in dieser Phase sehr ruhelos, fühlt sich getrieben, jede erdenkliche Möglichkeit sein Schicksal zu wenden, zu erkennen und zu nutzen.

3. Phase - Desorganisation und Verzweiflung

Die Intensität der Auflehnung verändert sich durch den Versuch, mit allen nur erdenklichen Mitteln die Bindung wiederherzustellen. Die Hoffnung auf eine baldige Rückkehr der Bindungsperson wird geringer mit jedem weiteren gescheiterten Versuch, die Trennung, den Verlust rückgängig zu machen. Der Mensch fällt in ein emotionales Chaos, erste kurze Ruhepausen und Erschöpfungszustände werden sichtbar. Diese wechseln mit aggressiven Verhaltensweisen, die Ausdruck unterschiedlicher Gefühle sind, ab. Ausdruck der Desorganisation können sein: Schlafstörungen, verändertes Essverhalten und auch Suchtverhalten.

4. Phase - Reorganisation

Bowlby bezeichnet diese Reorganisation auch als „Loslösung". Er meint damit, dass in dieser Phase das Interesse an der Bindungsperson nachlässt. Die trauernde Person gewinnt ihre emotionale Stabilität wieder und zeigt immer weniger auffälliges Verhalten. Die Identität und Persönlichkeit der Person verändern sich, Betroffene fühlen sich gestärkt, die anstehenden

---

[11] Vgl. John Bowlby, „Das Glück und die Trauer", Klett-Cotta, 2001, S.107-108

Lebensschritte zu gehen. Es werden neue Beziehungen aufgebaut und tiefere Bindungen hergestellt.[12]

1.3 Die Phasen der Trauerarbeit nach Yorick Spiegel

Yorick Spiegel[13] beschreibt in dieser Schrift vier Phasen, die jeder Trauernde durchlaufen muss.

1. Schockphase

Die Nachricht vom Tod eines geliebten Menschen führt zunächst zu einem Gefühl der Betäubung und des Schocks.

Der Trauernde will den Tod nicht akzeptieren und ist zu keiner Gefühlsregung fähig. Diese Phase dauert normalerweise einige Stunden, maximal ein bis zwei Tage.

2. kontrollierte Phase

Die mit der Vorbereitung der Beerdigung verbundenen Aufgaben nehmen den Trauernden stark in Anspruch. Das ist durchaus willkommen, denn es lenkt von den eigenen Gefühlen ab, die mit allen Mitteln zurückgehalten werden, um keinen Zusammenbruch zu erleiden.

Trauernde empfinden diese Phase oft, als wären sie unbeteiligte Zuschauer in einem Film, der an ihnen vorüberzieht.

3. Phase der Regression

Nach der Beerdigung und der Abreise der Angehörigen ist der Trauernde weitgehend sich selbst überlassen. Das Interesse am "äußeren" Leben ist gering, wichtig ist jetzt die Verarbeitung des Erlebten. Dabei macht sich der Trauernde oft ein Idealbild des Verstorbenen und blendet negative Erfahrungen zunächst aus. Dadurch werden die Trauer und die Verlusterfahrung noch weiter vergrößert. Nach und nach gelingt es aber, auch die weniger schönen Erinnerungen wieder zuzulassen.

4. Phase der Anpassung

Zumeist ist der Trauernde erst nach mehreren Monaten wieder in der Lage, sich seiner Umwelt vermehrt zuzuwenden. Er ist jetzt, trotz Rückfällen in Traurigkeit und Angst, wieder in der Lage,

---

[12] Vgl. Natho,Frank „Bindung und Trennung", Edition Gamus,2007, S. 134-138

[13] ist emeritierter Professor für Systematische Theologie an der Johann-Wolfgang-Goethe-Universität Frankfurt am Main. Er schrieb seine Habilitationsschrift "Der Prozess des Trauerns. Analyse und Beratung" 1972, die 1973 unter gleichem Titel veröffentlicht wurde

neue Beziehungen einzugehen, die über das Ersetzen des erlittenen Verlustes hinausgehen.

Neben den angeführten Beispielen von Trauerphasenmodellen gibt es weitere von E. Kübler-Ross, M. Specht- Tomann und D. Tropper. Im Vergleich dieser Modelle ist auffallend, dass jedes Modell andere Schwerpunkte in seiner Betrachtung des Trauerprozesses entwickelt. Die Unterschiede sind aber in erster Linie strukturell, also in der Benennung und Einteilung zu finden. Ein Beispiel soll das verdeutlichen.

In der zweiten Phase, die als Phase der gesteigerten, widersprüchlichen Emotionen gesehen wird, folgt bei Kübler- Ross auf den ersten Schockzustand Groll, Zorn, Neid und Wut. Kast und Bowlby sehen die aufbrechenden Emotionen bereits als Zeichen des Bindungsverlustes, des Suchens nach der verlorenen Person. Spiegel, der das gesellschaftliche Umfeld in seine Betrachtungsweisen einfließen lässt, sieht eher die Kontrolle der Emotionen als zentrales Phänomen. Gerade diese Selbstkontrolle kann aber zu unerklärlicher Reizbarkeit und Verletzlichkeit führen.

Wichtig ist es bei allen Phasenmodellen anzumerken, dass die einzelnen Phasen mehrfach durchlebt werden können, wenn sie nicht erfolgreich durchlaufen wurden, oder wenn Rückschritte eintreten. Auch die Beschreibung der Gemütszustände in den Phasenmodellen wird man in dieser klar abgegrenzten Form im realen Leben eher selten antreffen.

2. Trauerreaktionen

Man unterscheidet zwischen normaler und komplizierter (pathologischer) Trauerreaktion. Verläuft die Trauer normal, kann der Betroffene alle Trauerphasen erfolgreich durchlaufen und sein Leben, ist der Verlust verarbeitet, weiterleben. Verläuft die Trauer kompliziert, kann es sein, dass der Betroffene in der Trauer verharrt, eine oder mehrere Phasen nicht erfolgreich abschließt und möglicherweise sogar krank werden kann. Wie sich diese Reaktionen im Einzelnen äußern können, ist im Folgenden dargestellt.

2.1 Unkompliziertes (normales) Trauern

Trauerreaktionen drücken sich auf der körperlichen, affektiven, kognitiven Ebene sowie der Ebene des Verhaltens aus. Im Bereich der körperlichen Ebene macht sich Trauer durch Leeregefühl im Magen, Beklemmung in der Brust, das Gefühl, die Kehle sei zugeschnürt, Überempfindlichkeit gegen Lärm, das Gefühl der Fremdheit der eigenen Person (Depersonalisation) bzw. der Umgebung (Derealisation) gegenüber, Atemlosigkeit und Kurzatmigkeit, Muskelschwäche, Antriebsmangel und Mundtrockenheit bemerkbar. Auf der

---

[14] Vgl. http://de.wikipedia.org/wiki/Yorick_Spiegel

Ebene der Affekte reagiert der Mensch mit Traurigkeit (oft mit Weinen verbunden), Zorn und Aggression, Schuldgefühle und Selbstanklagen, Angst, Gefühl der Einsamkeit und Verlassenheit, Müdigkeit und Apathie, Sehnsucht, Betäubung und Abgestumpftheit. Kognitive Veränderungen nimmt man wahr als Unglauben und Nicht-wahrhaben-wollen, Verwirrung und Konzentrationsschwäche, intensive Beschäftigung mit dem Verstorbenen, Gefühl der Anwesenheit des Verstorbenen, Illusion und Halluzination. Das Verhalten ist auffällig durch Schlafstörungen, Appetitstörungen, Geistesabwesenheit, sozialen Rückzug, Träume vom Verstorbenen, Meiden von Erinnerungen an den Verstorbenen, Suchen und Rufen, rastlose Überaktivität, Zwangshandlungen. Es handelt sich hierbei um normale Trauerreaktionen unmittelbar nach der Todesnachricht, diese manifestieren sich bei jedem Menschen unterschiedlich. Abhängig vom Charakter der Bindung, der persönlichen Konstitution und früherer Trauererfahrungen oder auch zusätzlicher Belastungen gelingt es individuell mit dem Verlust umzugehen. Wichtig dabei ist, dass sich über einen längeren Zeitraum hinweg keine pathologische bzw. komplizierte Trauer entwickelt. [15]

Hilfreich für den Trauernden kann auch der Blick auf die Lebensphasen sein, die möglicherweise auf sie zukommen, um nicht in der Hoffnungslosigkeit zu versinken.

2.2 Kompliziertes (pathologisches) Trauern

Allgemein spricht man von komplizierter Trauer, wenn der Trauernde das Ereignis des Todes bzw. des Verlustes nicht bewältigen kann und sein Trauern erheblich von einem normalen Trauerprozess abweicht[16]. Es gibt verschiedene Formen der komplizierten Trauer: lavierte, chronische, verzögerte und übertriebene Trauerreaktion.[17] Lavierte Trauer bedeutet, dass der Person selbst bestimmte Verhaltensauffälligkeiten bewusst sind, sie diese jedoch nicht mit der Trauer in Verbindung bringt. Chronisch bedeutet, dass die Trauer lange anhält und nie endgültig zu einem Abschluss kommt. Verzögert bedeutet, dass der Trauernde anfänglich nur geringe Trauerreaktionen zeigt, jedoch später bzw. bei einem erneuten Verlust heftige Trauerreaktionen zeigt, die übertrieben scheinen. Von übertriebener Trauer wird gesprochen, wenn die Trauer so lähmend und übermäßig auftritt, dass der Trauernde Hilfe benötigt.

Bei manchen Menschen bleibt eine normale Trauerreaktion aus. Mitbestimmend für das Ausbleiben einer normalen Trauerreaktion können die folgenden fünf Bereiche sein:

---

[15] Vgl. http:/trauern.at/Rechts_Trauern.html

[16] vgl. Goldbrunner, Johann „Trauer und Beziehung", 1996, Verlag Grünewald, S. 36

[17] vgl.; Goldbrunner, Johann „Trauer und Beziehung", 1996, Verlag Grünewald, S.36

Persönlichkeitsfaktoren

Dies sind u. a. charakterliche Eigenschaften, die eine Bewältigung von seelischem Schmerz verhindern können. Der Mensch kann die extreme seelische Belastung nicht ertragen, zieht sich zurück, um sich dagegen abzuschotten. Angstgefühle werden nicht ertragen, das Gefühl von Hilflosigkeit soll vermieden werden, deshalb werden solche Menschen, die normalerweise sehr kompetent ihr Leben gestalten können, gerade diejenigen sein, die ein größerer Verlust viel mehr aus dem Konzept bringt. Auch das Bild von uns selbst, unsere Vorstellungen davon, wer wir sind, können unter Umständen das Trauern verhindern. Dies tritt dann ein, wenn der Mensch in seiner Umwelt als „stark" gesehen werden will und auch gesehen wird. Dann kann es sein, dass er sich keine Trauergefühle erlaubt, so dass eine angemessene Bewältigung des Verlustes nicht möglich wird.[18] Überträgt sich dieses Verhalten von Eltern auf ihre Kinder, kann es auch den Trauerprozess der Kinder verhindern, da sie die vermeintliche Stärke als etwas Erstrebenswertes bewerten. Erst wenn diese Menschen zulassen können, dass sie Trauer, Schmerz, Angst und Wut empfinden dürfen, wenn das Bedürfnis, stark zu sein nicht mehr primär ist, können sie diesen Verlust verarbeiten.

Soziale Faktoren

Es gibt soziale Faktoren, die ein kompliziertes Trauern begünstigen können. Normalerweise stützen sich Menschen in einem sozialen Rahmen gegenseitig. Wird aber in diesem Rahmen der Verlust als etwas betrachtet, über das man nicht spricht, wie z.B. bei Suizid, Immunschwächekrankheiten wie Aids, Tod durch Alkoholismus oder andere Drogen, kann es sein, dass das Umfeld über die Todesumstände schweigt. Man spricht in diesem Zusammenhang auch über eine „Verschwörung des Schweigens". Ein zweiter sozialer Faktor, der eine Trauerreaktion kompliziert, ist die soziale Negation eines Verlustes, also, wenn die Menschen so tun, als hätte sich der Verlust nicht ereignet. Dieses Verhalten findet sich z.B. vermehrt bei Frauen, die einen Schwangerschaftsabbruch hatten, von dem niemand wissen soll, und sie dieses Geheimnis mit sich tragen, es so schnell wie möglich „vergessen" wollen. Aber auch dieses Verlusterlebnis muss angemessen betrauert werden. Wird es verdrängt, kann sich die Trauer bei einem anderen, späteren Verlust plötzlich einstellen. Ein dritter Faktor ist das Fehlen eines sozialen Stützgefüges.[19] Man nennt es auch das soziale Umfeld, das nicht nur Verwandte, sondern auch Freunde, Arbeitskollegen und Nachbarn umfasst. Solch ein soziales Stützgefüge ist geografisch bedingt, da in der flexiblen Arbeitsgesellschaft durch häufiges Umziehen (wegen Arbeitsplatzwechsel u. a.) Familie, Freunde und Nachbarn entweder den Verstorbenen nicht kannten, und so nur bedingt stützen können, oder zu weit

---

[18] Vgl.: Worden, William „Beratung und Therapie in Trauerfällen", Verlag Hans Huber 2007, S. 72-73

[19] Vgl.: Worden, William „Beratung und Therapie in Trauerfällen", 2007, S. 73-75

entfernt sind, um wirklich helfen zu können. Auch soziale Isolation kann eine Folge von fehlender Hilfe und Beistand sein.

Anamnestische Faktoren

Haben Menschen schon früher in ihrem Leben komplizierte Trauerreaktionen gehabt, werden sie bei erneutem Verlust wahrscheinlich ähnlich kompliziert reagieren. Denn frühere Verluste wirken auf gegenwärtige Verluste und auch auf die Bindungen, dies alles erhöht die Furcht vor künftigen Verlusten, und damit die verminderte Bindungsfähigkeit. [20] Wurde z.B. die Trauer bei einem Kind nicht bis zur letzten Phase abgeschlossen und verlief kompliziert, so wird es dem Erwachsenen fünfundzwanzig Jahre später immer noch nicht möglich sein, an einer Trauerfeier ohne starke Emotionen teilzunehmen, auch wenn er dem Verstorbenen nicht besonders nahe stand. Allein die Atmosphäre, die Räumlichkeiten, die Musik und die Trauerreden „werfen" ihn so stark in die alte Trauer zurück, dass die Emotionen nicht angemessen gesteuert werden können. Die Tränen gelten der ursprünglichen Trauer, und die gegenwärtige Situation wird nur der äußere Rahmen und Auslöser dafür sein.

Beziehungsfaktoren

Hier geht es um die Art der Beziehung, die der Trauernde zum Verstorbenen hatte. War diese Beziehung ambivalent, also ein Nebeneinander von gegensätzlichen Gefühlen, Gedanken und Wünschen (zwiespältig, doppelwertig, mehrdeutig, vielfältig), so verhindert sie angemessenes Trauern. Es handelt sich hier um ein „Sowohl/Als auch" von Einstellungen. Der Begriff „Hassliebe" ist ein Beispiel für eine solche untrennbare Verknüpfung gegensätzlicher Wertungen.[21] Die Unfähigkeit, sich mit der Beziehung zum Verstorbenen ambivalent auseinander zu setzen, hemmt das Trauern zumeist durch übermäßigen Zorn und Schuldgefühle. Aber auch Menschen, die sehr narzisstische Beziehungstypen sind, können große Probleme beim Trauern haben. Der Verstorbene stellt eine Erweiterung von ihnen selbst dar. Müssten sie sich den Verlust eingestehen, wären sie gezwungen, den Verlust eines Teils von sich selbst zu akzeptieren und werden ihn wahrscheinlich leugnen. Ein anderer Typ ist der stark abhängige Beziehungstyp, der nach dem Verlust seines (emotional) sehr starken

---

[20] Vgl.: Worden, William „Beratung und Therapie in Trauerfällen", 2007, S. 71-72

[21] Vgl: www.wikipedia.org/wiki/Ambivalenz

Partners einen Wandel seines Selbstbildes erfährt. Er wird wieder zu der hilflosen Person, die er früher, vor der für ihn so bedeutsamen Beziehung, war.

Die chronische Trauer setzt sich endlos fort, sie kommt nie zum Abschluss. Der Trauernde scheint festzustecken. Aus dieser Situation findet er oft allein nicht mehr heraus.

Bei der verzögerten oder gehemmten Trauer wird der Verlust nicht geleugnet, aber die mit ihm einhergehenden Emotionen und der Schmerz werden abgelehnt, verdrängt oder verschoben. Dabei treten nur schwache Trauerreaktionen auf. Tritt ein späterer, eventuell geringerer Verlust auf, kann die verdrängte Trauer massiv aufbrechen.

Die übertriebene Trauer lähmt, sie ist so heftig, dass der Trauernde auf fremde Hilfe angewiesen ist, da er auf lange Sicht selbst die einfachsten Tätigkeiten nicht mehr ausführen kann.

Bei der lavierenden Trauer treten Symptome psychischer oder physischer Art auf, welche vom Trauernden nicht mit der eigentlichen Trauer in Verbindung gebracht werden.

Man sollte jedoch immer beachten, dass jeder Mensch seinen eigenen Weg durch die Trauer gehen muss und es passieren kann, dass eine bereits durchlebte Phase der Trauer erneut durchlebt wird, und dass diese Phasen ganz unterschiedlich lang und intensiv sein können.[22]

Auch wenn Trauer keine Krankheit ist, kann sie unter den hier beschriebenen Umständen doch zu Krankheiten führen. Meist sind diese psychosomatisch. Treten also entsprechende Symptome bei Trauernden auf, so halte ich eine angemessene Trauertherapie für den einzig möglichen Weg, will man mitunter jahrelang andauernde Leidenswege des Betroffenen vermeiden.

Insgesamt muss man sagen, dass die Trauerbewältigung immer abhängig ist, von der Art der Trauer. Bei normaler Trauer kann der Betroffene ohne große Schwierigkeiten die Trauerphasen durchlaufen, ohne dabei Hilfe von außen zu benötigen. Ein anderer Ansatz sind - neben den vier Traueraufgaben nach William Worden - die Traueraufgaben nach Yorick Spiegel, welche ich kurz vorstellen möchte: Jeder Mensch trauert anders. Yorick Spiegel formulierte ein Modell von acht Traueraufgaben, die der Trauernde bewältigen sollte. Es impliziert eine gewisse Aktivität des Trauernden und stimmt damit mehr mit Freuds Konzept der Trauerarbeit als aktives Geschehen überein.

1. Der Trauernde darf, er soll sich gehen lassen, er soll seinen Verlustschmerz erleben.

2. Das Gefühlschaos sollte strukturiert werden.

---

[22] Vgl. Koch, Gabriele 2006 aus: , „Das Unbegreifliche annehmen", S.135 ff

3. Er soll den Tod, den Verlust anerkennen

4. Er soll sich zum Leben entscheiden

5. Das Aussprechen von gesellschaftlich nicht akzeptierten Gefühlen ist erlaubt

6. Die Bewertung des Verlustes sowie die Einschätzung des unwiederbringlich Verlorenen muss erfolgen

7. Die "Einverleibung" des Toten soll erfolgen

8. Der Trauernde findet eine neue Lebensorientierung in einem Leben ohne den Verstorbenen[23]

Bei komplizierter (pathologischer) Trauer sollte immer eine Therapie angestrebt werden, um dem Trauernden zu helfen, sich von der verlorenen Beziehungsperson zu lösen und sein Leben bewusst in die Zukunft schauend und denkend zu gestalten.

Resümee

Unabhängig davon, mit welchem Modell die Trauerphasen beschrieben werden, Trauer ist in jedem Fall harte Arbeit für den Menschen. In jeder einzelnen Phase ist es für den Menschen „sehr mühselig, sich seinem Gefühlschaos zu stellen, den Gefühlen Ausdruck zu gestatten", wie Siegmund Freud ausführte. Die Trauer muss durchlebt werden und braucht ihre individuelle Zeit. Der Trauernde kann aktiv Einfluss nehmen auf den Trauerprozess, und er kann darauf hoffen, dass er bei Überforderung auch durch Außenstehende, wie z.B. einen Trauerberater, Hilfe findet.

---

[23] Vgl. „Hospiz Aktuell" 12. Ausgabe/ Juni 2003 bei www.hospizimpark.ch

Literaturverzeichnis (inklusive weiterführender Literatur):

Bowlby, John, Verlust, Trauer und Depression, Ernst Reinhardt Verlag München Basel 2006

Bowlby, John, Das Glück und die Trauer, Klett-Cotta, 2001

Specht–Tomann, Monika/ Tropper, Doris, Zeit des Abschieds, Patmos Verlag 1998

Brüderl, Leokadia (Hrsg.), Belastende Lebenssituationen, Juventa Verlag Weinheim & München 1998

Burghelm, Werner (Hsg.), Das Unbegreifliche annehmen / Trauer zulassen/ Trauer leben, Forum Verlag Herkert GmbH 2001

Cook, Bridget/ Phillips, Shelagh G., Verlust und Trauer, Ullstein Mosby GmbH & Co KG Berlin/ Wiesbaden 1995

Goldbrunner, Johann (Hsg), Trauer und Beziehung, 1996, Verlag Grünewald

Jewett Jarratt, Claudia, Trennung, Verlust und Trauer, Beltz 2006

Leist, Marielene, Kinder begegnen dem Tod, Gütersloher Verlagshaus Gerd Mohn

Natho, Frank, Bindung und Trennung, Edition Gamus, 2007

Nilsson, Ulf & Tidholm, Anna- Clara, Adieu, Herr Muffin, Beltz & Gelberg 2007

Piaget, Jean & Inhelder, Bärbel, Die Psychologie des Kindes, Klett- Cotta Deutscher Taschenbuch Verlag 2004

Pohl, Peter & Gieth, Kinna, Du fehlst mir, du fehlst mir!, Deutscher Taschenbuch Verlag 1994

Schmitz, Stefan, Psychologie / Eine umfassende Darstellung aus ganzheitlicher Sicht, Band 2, Verlag Via Nova 2000

Schottenloher, Gertraut, Kunst- und Gestaltungstherapie, 1989, Kösel Verlag München

Stutz, Elisabeth, Tod und Trauer im (Er-)Leben von Kindern, VDM Verlag

ThürBestG, § 19

Weinberger, Sabine, Kindern spielend helfen, Beltz Verlag Weinheim & Basel 2001

Wittkowski, Joachim (Hrsg.), Sterben, Tod und Trauer, Verlag W. Kohlhammer 2003

Worden, J. William, Beratung und Therapie in Trauerfällen / Ein Handbuch, Verlag Hans Huber, 2007

Zeitschriftenartikel

Stadthaus,Angela; Westdeutsche Zeitung Krefeld, Dienstag 22. Nov. 2005

Internetquellen

www.dbsh.de

www.dimdi.de/static/de/diagnosen/icd10/index.htm

„HOSPIZ AKTUELL" 12. AUSGABE/ JUNI 2003 BEI WWW.HOSPIZIMPARK.CH

www.johnbirtchnell.co.uk/index.htm

www.krankenkasse-guide.de/gesetzliche_krankenkasse/sterbegeld.htm

WWW.KBWA.DE/HTML/KULTUR_DES_TODES.HTML

www.meinebibliothek.de

www.medizin.uni-koeln.de/dekanat/sd/dateien/KFTodTrauer_Langenbach_528.pdf

www.postmortal.de

www.postmortal.de/Bestattung-Beisetzung/Alternative/Umwelt/umweg.html

www.postmortal.de,

„Zwischen Ritual und Individualität", Autor: Norbert Fischer

www.psychiatriegespraech.de/psychische_krankheiten/ptsd/p

www.-schmerz-nottwill.ch

www.sternschnuppenkinder.de/seiltanz/warum/index.htm

www.trauer.org.de

www.trauernde-kinder.de

www.uni-bielefeld.de/paedagogik/seminare/moeller

www.webel.org/trauer-rituale.htm

www.wikipedia.org/wiki/Bindungstheorie/Bindungstypen_des_Kindes

www.wikipedia.org/wiki/Jean_Piaget#Kognitive_Funktionen

www.wikipedia.org/wiki/posttraumatische_BelastungEsstörung

www.wikipedia.org/wiki/Trauma

www.wikipedia.org/wiki/Yorick_Spiegel

www.wikipedia/org/wiki/Ritual.de

Mehr zu diesem Thema finden Sie in „Trauerarbeit mit Kindern und Jugendlichen"
von Gabriele Kuschke, ISBN: 9783640472314

http://www.grin.com/de/e-book/138861/

Lightning Source UK Ltd.
Milton Keynes UK
UKHW040643160321
380441UK00001B/121